携手构建人类命运共同体：中国的倡议与行动

（2023 年 9 月）

中 华 人 民 共 和 国
国务院新闻办公室

人 民 出 版 社

责任编辑：刘敬文

图书在版编目（CIP）数据

携手构建人类命运共同体：中国的倡议与行动/中华人民共和国
　国务院新闻办公室 著.—北京：人民出版社，2023.9
ISBN 978－7－01－025994－9

Ⅰ.①携…　Ⅱ.①中…　Ⅲ.①中外关系　Ⅳ.①D822

中国国家版本馆 CIP 数据核字（2023）第 181808 号

携手构建人类命运共同体：中国的倡议与行动
XIESHOU GOUJIAN RENLEI MINGYUN GONGTONGTI
ZHONGGUO DE CHANGYI YU XINGDONG

（2023 年 9 月）

中华人民共和国国务院新闻办公室

人民出版社 出版发行
（100706　北京市东城区隆福寺街 99 号）

中煤（北京）印务有限公司印刷　新华书店经销

2023 年 9 月第 1 版　2023 年 9 月北京第 1 次印刷
开本：787 毫米×1092 毫米 1/32　印张：1.75
字数：20 千字

ISBN 978－7－01－025994－9　定价：6.00 元

邮购地址 100706　北京市东城区隆福寺街 99 号
人民东方图书销售中心　电话（010）65250042　65289539

目　录

前　言

宇宙只有一个地球,人类共有一个家园。

但是,我们赖以生存的星球正面临前所未有的巨大危机——既有已知的,更有未知的;既有可预测的,更有不可预测的。人类文明存亡已是必须面对的现实课题。越来越多的人意识到,相对于物质财富的积累,尤为紧迫的是,要本着对人类命运的终极关怀,找到人类文明永续发展的精神指引。

10年前,习近平主席提出构建人类命运共同体理念,目的就是回答"人类向何处去"的世界之问、历史之问、时代之问,为彷徨求索的世界点亮前行之路,为各国人民走向携手同心共护家园、共享繁荣的美好未来贡献中国方案。

构建人类命运共同体,就是每个民族、每个国家、每个人的前途命运都紧紧联系在一起,应该风雨同舟,荣辱与共,努力把我们生于斯、长于斯的星球建成一个和睦的大家庭,推动建设持久和平、普遍安全、共同繁荣、开放包容、清洁美丽的世界,把各国人民对美好生活的向往变成现实。

构建人类命运共同体理念,着眼全人类的福祉,既有现实思考,又有未来前瞻;既描绘了美好愿景,又提供了实践路径和行动方案;既关乎人类的前途,也攸关每一个体的命运。

10年来,构建人类命运共同体的理念不断丰富和发展。从习近平主席2013年在莫斯科国际关系学院首次提出,到2015年在第七十届联大一般性辩论上提出"五位一体"总体框架①,再到2017年在联合国日内瓦总部提出建设"五个世界"的总目标②,人类命运共同体理念的思想内涵不断深化拓展。

10年来,构建人类命运共同体的实践稳步推进。从双边到多边,从区域到全球,这一理念取得全方位、开创性的丰硕成果,共建"一带一路"倡议、全球发展倡议、全球安全倡议、全球文明倡议落地生根,给世界带来的是繁荣稳定的巨大红利,创造的是扎扎实实的民生福祉。

---

① "五位一体"总体框架:建立平等相待、互商互谅的伙伴关系,营造公道正义、共建共享的安全格局,谋求开放创新、包容互惠的发展前景,促进和而不同、兼收并蓄的文明交流,构筑尊崇自然、绿色发展的生态体系。

② 建设"五个世界"的总目标:坚持对话协商,建设一个持久和平的世界;坚持共建共享,建设一个普遍安全的世界;坚持合作共赢,建设一个共同繁荣的世界;坚持交流互鉴,建设一个开放包容的世界;坚持绿色低碳,建设一个清洁美丽的世界。

10年来，构建人类命运共同体的观念日益深入人心。越来越多国家和人民认识到，这一理念符合全人类共同利益，反映了世界人民追求和平、正义、进步的心声，汇聚了各国人民共建美好世界的最大公约数。国际社会普遍认为，人类命运共同体理念超越利己主义和保护主义，打破了个别国家唯我独尊的霸权思维，反映出中国对人类发展方向的独到见解，对于推动各国团结合作、共创人类美好未来具有重要意义。

为全面介绍构建人类命运共同体的思想内涵和生动实践，增进国际社会了解和理解，凝聚广泛共识，更好与各国携手构建人类命运共同体，中国政府特发布本白皮书。

一、人类站在历史的十字路口

我们所处的是一个充满希望的时代,也是一个充满挑战的时代。站在历史的十字路口,是团结还是分裂,是开放还是封闭,是合作还是对抗?如何抉择,关乎人类整体利益,也考验着各国的智慧。

（一）相互依存是历史大势

从人类社会发展史看,人类从原始社会一路走来,经历了农业革命、工业革命、信息革命,但无论生产力如何发展进步,都没有改变一个最根本的现实:地球是人类赖以生存的唯一家园。各国有责任共同呵护地球的安全,守护人类的未来。如果为了争权夺利而恶性竞争甚至兵戎相见,最终只会走上自我毁灭的道路。

自古以来,人类最朴素的愿望就是和平与发展。经历过战争和冲突的洗礼,尤其是遭受两次世界大战的浩劫后,世界各国人民珍视和平、扩大合作、共同发展的意识显著提升,人类大家庭的观念更加深入人心,人们对共同体的向往和追求更加殷切。

全球化在世界范围内优化了资本、信息、技术、劳动、管理等生产要素的配置,把一个个孤立的小湖泊、小河流连成了汪洋大海,各民族自给自足的原始封闭状态被打破,市场成为了世界市场,历史也随之成为世界历史。

在信息化日新月异的今天,互联网、大数据、量子计算、人工智能迅猛发展。人类交往的世界性比过去任何时候都更深入、更广泛,各国相互联系和彼此依存比过去任何时候都更频繁、更紧密。全球化不是选择,而是现实,甚至成为一种生活方式。地球村正变得越来越"小",放眼寰宇,地球上最遥远的距离也不超过 24 小时的直飞航程。世界也正变得越来越"平",点一点手机屏幕,就可以瞬时链接到世界的另一端。一体化的世界就在那儿,谁拒绝这个世界,这个世界也会拒绝他。

生活在同一片蓝天下,无论近邻还是远交,无论大国还是小国,无论发达国家还是发展中国家,正日益形成利益交融、安危与共的利益共同体、责任共同体、命运共同体。只有人类整体命运得以关照,每个国家、每个民族、每个人的美好希望才能实现。不管前途是晴是雨,携手合作、互利共赢是唯一正确选择。

（二）全球性挑战需要全球性应对

当今世界正处于百年未有之大变局，各种新旧问题与复杂矛盾叠加碰撞、交织发酵。人类社会面临前所未有的挑战，不稳定、不确定、难预料成为常态。

和平赤字不断加深。第二次世界大战结束以来，人类社会维持了70多年的总体和平，但威胁世界和平的因素仍在积聚。欧亚大陆战火重燃，局势持续紧张，热点问题此起彼伏，军备竞赛阴霾不散，核战争的"达摩克利斯之剑"高悬，世界面临重新陷入对抗甚至战争的风险。

发展赤字持续扩大。全球经济复苏乏力，单边主义、保护主义肆虐，一些国家构筑"小院高墙"、强推"脱钩断链"、鼓噪供应链"去风险"，经济全球化遭遇逆流。新冠疫情吞噬全球发展成果，南北差距、发展断层、技术鸿沟等问题更加突出。人类发展指数30年来首次下降，世界新增1亿多贫困人口，近8亿人生活在饥饿之中。

安全赤字日益凸显。国际战略竞争日趋激烈，大国之间信任缺失，冷战思维卷土重来，意识形态对抗老调重弹，恃强凌弱、巧取豪夺、零和博弈等霸权霸道霸凌行径危害深重,恐怖主义、网络攻击、跨国犯罪、生物安全等非传统安全挑战上升。

治理赤字更加严峻。世界正面临多重治理危机,能源危机、粮食危机、债务危机等不断加剧;全球气候治理紧迫性凸显,绿色低碳转型任重道远;数字鸿沟日益扩大,人工智能治理缺位。新冠疫情像一面镜子,折射出全球治理体系这台机器越来越滞后于时代,甚至在一些问题上运转失灵,亟待改革完善。

面对全球性危机,各国不是乘坐在 190 多条小船上,而是乘坐在一条命运与共的大船上。小船经不起风浪,只有巨舰才能顶住惊涛骇浪。任何一国即使再强大也无法包打天下,必须开展全球合作。各国应携起手来,把"我"融入"我们",共同构建人类命运共同体,才能共渡难关、共创未来。

(三) 新时代呼唤新理念

我们所处的是一个风云变幻的时代,面对的是一个日新月异的世界。传统国际关系理论越来越难以解释今天的世界、无法破解人类面临的困局,国强必霸、崇尚实力、零和博弈等思维越来越不符合时代前进的方向。人类社会亟需符合时代特征、顺应历史潮流的新理念。

"国强必霸"并非绕不开的历史定律。"国强必霸"本质是典型的霸权主义思维,反映的是历史上大国霸权战争的灾难性实践。中国从不认同"国强必霸",我们的历史智慧是"国霸必衰"。中国发展振兴靠的是自身努力,而非侵略扩张。中国所做的一切都是为了本国人民过上更加幸福的生活,为世界人民提供发展机会,而不是要取代谁、打败谁。

"弱肉强食"不是人类共存之道。这一逻辑将自然界的丛林法则简单移植到人类社会,信奉权力至上,从根本上破坏了国家主权平等原则和世界和平稳定。全球化时代你中有我、我中有你,决定了弱肉强食、赢者通吃是一条越走越窄的死胡同,包容普惠、互利共赢才是越走越宽的人间正道。中国一向主张公平正义,坚持在和平共处五项原则基础上同各国发展友好合作,致力于推进国际关系民主化。

"你输我赢"的零和游戏终将玩不转。一些国家抱守零和思维,片面追求绝对安全和垄断优势,这既无助于本国的长远发展,也对世界和平与繁荣构成严重威胁。任何国家都不应盼着别人输,而要致力于同他国一道赢。中国始终把自身发展和世界发展统一起来,始终把中国人民利益同各国人民共同利益结合起来。世界好,中国才能好;中国好,世界才更好。

二、解答时代之问,描绘未来愿景

　　站在何去何从的十字路口,人类面临两种截然不同的取向:一种是重拾冷战思维,挑动分裂对立,制造集团对抗;另一种是从人类共同福祉出发,致力团结合作,倡导开放共赢,践行平等尊重。两种取向、两种选择的博弈和较量,将深刻影响人类和地球的未来。

　　构建人类命运共同体,坚持开放包容,坚持互利共赢,坚持公道正义,不是以一种制度代替另一种制度,不是以一种文明代替另一种文明,而是不同社会制度、不同意识形态、不同历史文化、不同发展水平的国家在国际事务中利益共生、权利共享、责任共担。构建人类命运共同体理念,站在历史正确的一边,站在人类进步的一边,为国际关系确立新思路,为全球治理提供新智慧,为国际交往开创新格局,为美好世界描绘新愿景。

（一）确立国际关系新思路

现行国际秩序面临多重挑战，一些国家奉行实力至上的逻辑，恃强凌弱、巧取豪夺、零和博弈大行其道，发展鸿沟加剧，安全赤字加重，结盟对抗、封闭排他的做法与多极化的发展方向背道而驰，与冷战结束后的国际关系走向格格不入。特别是随着一大批新兴市场国家和发展中国家的崛起，现行国际秩序不适应时代发展的一面更加凸显。"建设一个什么样的世界、如何建设这个世界"成为关乎人类前途命运的重大课题。

面对时代之问，中国的回答是构建人类命运共同体。人类命运共同体，就是每个民族、每个国家的前途命运都紧紧联系在一起，应该风雨同舟、荣辱与共、和谐共生、合作共赢。这一理念源于对国家交往关系的合理性设计，源于国际社会的普遍共识和共同期盼，也源于中国的大国责任和担当。

在地球村里，全人类是一个命运与共的大家庭，国与国之间利益交汇、命运交织、休戚与共，越来越成为你中有我、我中有你的命运共同体。人类命运共同体理念超越了集团政治的"小圈子"规则，超越了实力至上的逻辑，超越了少数西方国家定义的"普世价值"，顺应时代潮流，倡导全球协作，推动国际秩序朝着更加公正合理的方向发展。

（二）彰显全球治理新特征

人类命运共同体理念主张世界各国同呼吸、共命运，具有开放包容、公平正义、和谐共处、多元互鉴、团结协作的鲜明特征。

——开放包容。不以意识形态划线，不针对特定的对象，不拉帮结派，不搞排他的"小圈子"，海纳百川，有容乃大。主张国际关系民主化，世界的命运应该由各国共同掌握，国际规则应该由各国共同书写，全球事务应该由各国共同治理，发展成果应该由各国共同分享。

——公平正义。世界要公道不要霸道，任何国家都没有包揽国际事务、主宰他国命运、垄断发展优势的权力。要维护以国际法为基础的国际秩序，维护国际法治权威，确保国际法平等统一适用，不能搞双重标准，不能"合则用、不合则弃"。

——和谐共处。各国在求同存异的前提下实现和平共处、共同发展。地球不是国家角力的竞技场，而是人类共存的大舞台。各国发展和而不同,是有差异、多样性的协调和统一,世界发展的活力恰恰在于这种多样性的共存。

——多元互鉴。不同历史和国情、不同民族和习俗,孕育了不同文明。人类文明多样性是世界基本特征,不同文明交流互鉴是推动人类进步的重要动力。我们应当相互尊重,携手推动不同文明在交流互鉴中熠熠生辉。

——团结协作。倡导"计利当计天下利"。关起门来搞建设,只能越搞越穷。从"本国优先"的角度看,世界是狭小拥挤的,时时都是"激烈竞争";从命运与共的角度看,世界是宽广博大的,处处都有合作机遇。单打独斗已无法应对全球性的发展难题,各国通力合作才是唯一选择。

(三) 开创国际交往新格局

中国提出构建人类命运共同体"五位一体"总体框架,包括伙伴关系、安全格局、发展前景、文明交流、生态体系等五个方面,开创了国际交往的新格局。

建立平等相待、互商互谅的伙伴关系格局。联合国宪章贯穿主权平等原则。世界各国一律平等,不能以大压小、以强凌弱、以富欺贫。坚持多边主义,不搞单边主义;应奉行双赢、多赢、共赢的新理念,取代你输我赢、赢者通吃的旧思维。应在国际和区域层面建设全球伙伴关系,走出一条"对话而不对抗,结伴而不结盟"的国与国交往新路。大国之间相处,要不冲突不对抗、相互尊重、合作共赢。大国与小国相处,要平等相待,践行正确义利观,义利相兼,义重于利。

建立公道正义、共建共享的安全格局。在经济全球化时代,各国安全相互关联、彼此影响。没有一个国家能凭一己之力谋求自身绝对安全,也没有一个国家可以从别国的动荡中收获稳定。"弱肉强食"是丛林法则,不是相处之道。穷兵黩武是霸道做法,只能搬起石头砸自己的脚。应摒弃一切形式的冷战思维,树立共同、综合、合作、可持续的安全观。

建立开放创新、包容互惠的发展格局。大家一起发展才是真发展,可持续发展才是好发展。实现这一目标,就应秉承开放精神,推进互帮互助、互惠互利。世界长期发展不可能建立在一批国家越来越富裕而另一批国家却长期贫穷落后的基础之上。应把发展置于国际议程的突出位置,减少全球发展的不平等和不平衡,不让任何一个国家、任何一个人掉队。

建立和而不同、兼收并蓄的文明交流格局。世界上共有 200 多个国家和地区，2500 多个民族和多种宗教。人类文明多样性赋予这个世界姹紫嫣红的色彩，多样带来交流，交流孕育融合，融合产生进步。只有坚持弘扬平等、互鉴、对话、包容的文明观，在多样中相互尊重、彼此借鉴、和谐共存，这个世界才能丰富多彩、欣欣向荣。要尊重各种文明，平等相待，互学互鉴，兼收并蓄，推动人类文明实现创造性发展。

建立尊崇自然、绿色发展的生态格局。人类可以利用自然、改造自然，但归根结底是自然的一部分，必须呵护自然，不能凌驾于自然之上。要解决好工业文明带来的矛盾，以人与自然和谐相处为目标，实现世界的可持续发展和人的全面发展。牢固树立尊重自然、顺应自然、保护自然的意识，坚持走绿色、低碳、循环、可持续发展之路。

（四）共建美好世界新愿景

中国提出，推动建设一个持久和平、普遍安全、共同繁荣、开放包容、清洁美丽的世界。从"五位一体"总体框架到"五个世界"总目标，人类命运共同体理念实现了历史视野的再拓展、思想内涵的再深化，为人类未来锚定了更明确的目标、描绘了更清晰的图景。

坚持对话协商,建设一个持久和平的世界,就是告别战争之剑,永铸和平之犁。联合国教科文组织总部大楼前的石碑上,镌刻着这样一句话,"战争起源于人之思想,故务需于人之思想中筑起保卫和平之屏障"。人类历史上由于执迷强国争霸导致战争频仍、生灵涂炭,教训惨痛而深刻,要从思想上拔除这些诱发战争的引信。大国对小国要平等相待,不搞唯我独尊、强买强卖的霸道。任何国家都不能随意制造动荡战乱,不能破坏国际法治,不能打开潘多拉的盒子。要尊重彼此主权和领土完整,尊重彼此核心利益和重大关切,尊重各国人民自主选择的发展道路和社会制度。

坚持共建共享,建设一个普遍安全的世界,就是告别绝对安全,实现安危与共。世上没有绝对安全的世外桃源,一国的安全不能建立在别国的动荡之上,他国的威胁也可能成为本国的挑战。邻居出了问题,不能光想着扎好自家篱笆,而应该去帮一把。越是面临全球性挑战,越要合作应对,共同变压力为动力、化危机为生机。面对错综复杂的国际安全威胁,单打独斗不行,迷信武力更不行,合作安全、共同安全才是解决问题的正确选择。国家之间有分歧是正常的,要通过对话协商妥善化解分歧。只要怀有真诚愿望,秉持足够善意,展现政治智慧,再大的冲突也能化解,再厚的坚冰都能打破。

坚持合作共赢,建设一个共同繁荣的世界,就是告别赢者通吃,共享发展成果。国际社会发展到今天已经成为一部复杂精巧、有机一体的机器,拆掉一个零部件就会使整个机器运转面临严重困难。要坚持经济全球化正确方向,反对任何人搞技术封锁、科技鸿沟、发展脱钩。把全球经济这块蛋糕做大,更要将这块蛋糕分好,让发展成果更多更公平地惠及各国人民,实现真正的合作共赢。

坚持交流互鉴,建设一个开放包容的世界,就是告别文明优越,实现美美与共。这个世界完全容得下各国共同成长和进步,一国的成功并不意味着另一国必然失败。世界上没有放之四海而皆准的发展道路。只有能够持续造福人民的发展道路,才是最有生命力的。各国各民族尊重彼此差异,和而不同。不同文明要取长补短、共同进步,让文明交流互鉴成为推动人类社会进步的动力、维护世界和平的纽带。

坚持绿色低碳,建设一个清洁美丽的世界,就是告别竭泽而渔,永享绿水青山。人与自然共生共存,伤害自然最终将伤及人类。空气、水、土壤、蓝天等自然资源用之不觉、失之难续。工业化创造了前所未有的物质财富,也产生了难以弥补的生态创伤。不能吃祖宗饭、断子孙路,用破坏性方式搞发展。绿水青山就是金山银山。应遵循天人合一、道法自然的理念,寻求永续发展之路,让人人都能遥望星空、看见青山、闻到花香。

构建人类命运共同体为改革和完善国际治理体系提出了中国方案。构建人类命运共同体,并不是推倒重来,也不是另起炉灶,而是推进国际关系民主化,推动全球治理朝着更加公正合理的方向发展。这一重要理念,汇聚了各国人民求和平谋发展盼稳定的最大公约数,画出了不同文化背景和发展程度国家之间的最大同心圆,超越了零和博弈、强权政治、冷战对抗的各种陈旧思维,成为新时代中国特色大国外交的总目标,成为引领时代潮流和人类前进方向的鲜明旗帜。

三、扎根深厚历史文化土壤

人类命运共同体理念基于深厚的中国文化底蕴,源于中国式现代化的道路实践,继承弘扬新中国外交的优良传统,吸收借鉴人类社会优秀文明成果,彰显了悠久的历史传承、鲜明的时代印记和丰富的人文内涵。

(一)传承中华优秀传统文化

中华优秀传统文化是中华文明的智慧结晶和精华所在,为人们认识和改造世界提供有益启迪,蕴藏着解决当代人类面临难题的重要启示,蕴含着丰富的人类命运共同体基因。

中华文化以和合理念为精神内核,秉持"以和为贵,和而不同"的价值取向,追求"和衷共济、和合共生"的高远理想,推崇不同国家、不同文化"美美与共、天下大同"。

中华民族历来讲求"天下一家",主张"民胞物与、协和万邦",遵循"强不执弱,富不侮贫"的交往原则,憧憬"大道之行，天下为公"的美好世界。

中华民族自古尊崇仁德博爱之心，倡导"德不孤，必有邻"的精神追求，坚守"亲仁善邻、讲信修睦"的处世之道，奉行"义利并举、以义为先"的义利原则。

中华民族一向崇尚立己达人之道，"己欲立而立人，己欲达而达人"，相信帮助别人就是帮助自己；"己所不欲，勿施于人"，不把自己的意志强加于人。

中华民族始终遵循"道法自然、天人合一"的自然观，践行"钓而不纲，弋不射宿"的生态观，体现了对天地宇宙的敬畏和热爱、对人与自然和谐共生的追求。

（二）体现中国共产党的世界情怀

坚持胸怀天下，是中国共产党百年奋斗积累的宝贵历史经验之一。100 多年来，中国共产党既为中国人民谋幸福、为中华民族谋复兴，也为人类谋进步、为世界谋大同，带领中国人民走出了中国式现代化道路，创造了人类文明新形态，为构建人类命运共同体奠定了坚实基础、探索了历史规律、开辟了广阔道路。

中国共产党始终坚持发展自己、兼济天下、造福世界，不仅要让中国人民都过得好，也帮助其他国家人民过上好日子,努力为人类作出新的更大贡献。中共二十大报告擘画了以中国式现代化全面推进中华民族伟大复兴的宏伟蓝图,明确提出推动构建人类命运共同体是中国式现代化的本质要求之一,把中国的前途命运和人类的前途命运紧密联系起来。

中国共产党领导中国人民开创和拓展的中国式现代化,既有基于自己国情的中国特色,也有各国现代化的共同特征。无论是人口规模巨大、共同富裕,还是物质文明和精神文明相协调、人与自然和谐共生,或者是走和平发展道路,都为发展中国家贡献了具体可借鉴的历史经验,为携手迈向人类命运共同体的美好未来,提供了更为健康、更可持续的选择。

（三）弘扬新中国外交优良传统

70 多年来,中国外交在国际风云激荡中成长奋进,积淀了优良传统,砥砺了坚韧风骨,铸就了独特精神。构建人类命运共同体,继承和发扬了新中国成立以来的外交理念、战略思想和优良传统,并在波澜壮阔的中国特色大国外交实践中不断守正创新。

新中国成立后,中国坚持独立自主的和平外交政策,提出和平共处五项原则、"三个世界"等政策方针和思想,在国际舞台上站稳了脚跟、赢得了尊重、扩大了影响。改革开放以来,中国提出和平与发展是时代主题的重大论断,倡导促进世界多极化和国际关系民主化,推动建设和谐世界,中国全方位外交取得重要进展。

进入新时代,中国高举和平、发展、合作、共赢的旗帜,全面推进中国特色大国外交,形成全方位、多层次、立体化的外交布局。中国创造性提出推动构建人类命运共同体、新型国际关系、全人类共同价值、共建"一带一路"、全球发展倡议、全球安全倡议、全球文明倡议等新理念,倡导全球治理观、正确义利观、安全观、发展观、合作观、生态观等重要理念,体现了鲜明的中国特色、中国风格、中国气派。

（四）兼收并蓄人类优秀文明成果

构建人类命运共同体理念,把人类历史长河中跨越时空、超越国度、富有永恒魅力、具有当代价值的优秀文化弘扬起来,凝聚不同民族、不同信仰、不同文化、不同地域人民的价值共识,汲取世界多元文明相融相通优秀成果,反映了全人类的普遍愿望和共同心声。

世界各国文明中都蕴含着构建人类命运共同体的历史智慧。古希腊哲学家以城邦为蓝本对人类共同体进行了早期探索，认为需要通过一致行动追求共同利益，主张人类必须互相保持和谐生活。印度古老典籍记载着"天下一家"的箴言。非洲传统价值理念乌班图精神，倡导"我们在故我在"，强调人们彼此依存、密不可分。

构建人类命运共同体理念，反映了和平发展、团结共生、合作共赢等不同文明之间的互通之处。俄罗斯有谚语"风雨同舟就能无惧风雨"；瑞士有作家提出"不应为战争和毁灭效劳，而应为和平与谅解服务"；德国有谚语"一个人的努力是加法，一个团队的努力是乘法"；非洲有谚语"一根原木盖不起一幢房屋"；阿拉伯有谚语"独行快，众行远"；墨西哥诗人有名句"唯有益天下，方可惠本国"；印度尼西亚有谚语"甘蔗同穴生，香茅成丛长"；蒙古国有谚语"邻里心灵相通，命运与共"等等。这些都体现了深厚的世界文化渊源和丰富的思想底蕴。

构建人类命运共同体理念，以公认的国际关系基本原则为遵循。近代以来，建立公正合理的国际秩序是人类孜孜以求的目标。从《威斯特伐利亚和约》确立的平等和主权原则，到日内瓦公约确立的国际人道主义精神；从联合国宪章明确的四大宗旨和七项原则,到万隆会议倡导的和平共处五项原则,这些国际关系演变积累的公认原则,成为构建人类命运共同体的重要基础。

四、既有目标方向,也有实现路径

构建人类命运共同体,是中国从世界和平与发展的大势出发处理当代国际关系的中国智慧,是完善全球治理的中国方案,是应对 21 世纪的各种挑战的中国主张。理念引领行动,方向决定出路,国际社会应当携手努力,把宏伟蓝图变成路线图,一步一个脚印把美好愿景变为现实。

(一) 推动新型经济全球化

经济全球化是世界经济发展的必然趋势,契合各国人民要发展、要合作的时代潮流。历史上的经济全球化,促成了贸易大繁荣、投资大便利、人员大流动、技术大发展,为世界经济发展作出了重要贡献。

但是,经济全球化也积存了不少问题和弊端,出现“回头浪”。目前的经济全球化模式,难以反映广大发展中国家呼声、体现广大发展中国家利益;“弱肉强食”的丛林法则和“你输我赢”“赢者通吃”的零和博弈,造成富者愈富、贫者愈贫,发达国家与发展中国家以及发达国家内部的贫富差距越拉越大;个别国家把内部治理问题归咎于经济全球化,归咎于其他国家,动辄采取单边主义、保护主义、霸凌主义,破坏全球产业链、价值链、供应链、消费链,导致现有国际贸易秩序紊乱甚至冲突。

推动新型经济全球化,是构建人类命运共同体的必然要求。各国应该坚持开放的政策取向,旗帜鲜明反对保护主义,反对"筑墙设垒",反对单边制裁、极限施压,推动各国经济联动融通,共同建设开放型世界经济。各国应该推动构建公正、合理、透明的国际经贸规则体系,推进贸易和投资自由化便利化,促进全球经济进一步开放、交流、融合,推动形成开放、包容、普惠、平衡、共赢的经济全球化,让各国人民共享经济全球化和世界经济增长成果。

开放应是双向奔赴,不能是单行道,不能一边要求别的国家开放,一边关闭自己的大门。一些国家总想对中国实行"脱钩断链",构筑"小院高墙",最终只会反噬自身。一些人炒作要"降依赖""去风险",这样的做法实质是制造新的风险。防风险和合作不是对立的,不合作才是最大的风险,不发展才是最大的不安全。如果以"去风险""降依赖"之名行"去中国化"之实,就是在去机遇、去合作、去稳定、去发展。

当前正在发生的以人工智能为标志的科技革命,将对新一轮经济全球化和人类社会发展产生难以估量的深刻影响。要探索建立相关规则和标准,既有利于科学技术的创新发展,又坚守人类安全底线,还要平衡照顾各国特别是发展中国家利益,确保技术创新在法治轨道和公认的国际准则基础上运行,由人类主导、为人类服务、符合人类价值观。

(二) 走和平发展道路

历史告诉我们,一个国家要发展繁荣,必须把握和顺应世界发展大势,反之必然会被历史抛弃。当今世界的潮流是和平、发展、合作、共赢,殖民主义、霸权主义的老路不仅走不通,而且一定会碰得头破血流,和平发展道路才是人间正道。

和平、和睦、和谐的追求深深植根于中华民族的精神世界之中,深深溶化在中国人民的血脉之中。中国历史上曾经长期是世界上最强大的国家之一,但没有留下殖民和侵略他国的记录。中国坚持走和平发展道路,是对几千年来中华民族热爱和平的文化传统的继承和发扬。

中国始终坚持独立自主的和平外交政策,始终强调中国外交政策的宗旨是维护世界和平、促进共同发展。中国反对各种形式的霸权主义和强权政治,不干涉别国内政,永远不称霸,永远不搞扩张。中国在政策上是这样规定的、制度上是这样设计的,在实践中更是一直这样做的。

世界需要和平,就像人需要空气一样,就像万物生长需要阳光一样。和平发展道路对中国有利、对世界有利,我们想不出有任何理由不坚持这条道路。中国坚持走和平发展道路,也希望其他国家共同走和平发展道路。各国只有共谋和平、共护和平、共享和平,才能实现自己的发展目标,为世界作出更大贡献。只有大家都走和平发展道路,国与国才能和平相处,构建人类命运共同体才有希望。

(三) 构建新型国际关系

新型国际关系之所以新,在于走出了一条国与国交往的新道路,开辟了不同文明、不同制度国家和平共处、共同发展的世界历史新篇章,为构建人类命运共同体创造了条件。

构建新型国际关系,应秉持相互尊重、公平正义、合作共赢原则。相互尊重,就是坚持以诚待人,平等相待,反对强权政治和霸凌主义。公平正义,就是各国应摒弃单纯的物质主义取向和竞争至上法则,确保不同的国家都能获得平等的发展权利和机会。合作共赢,就是各国应摒弃一味谋求自身更大利益的理念,在追求本国利益时兼顾各国合理关切,在谋求本国发展时促进各国共同发展。

构建新型国际关系的基础在于深化拓展平等、开放、合作的全球伙伴关系。中国坚持在和平共处五项原则基础上同各国发展友好合作。促进大国协调和良性互动,推动构建和平共处、总体稳定、均衡发展的大国关系格局。坚持亲诚惠容和与邻为善、以邻为伴周边外交方针,深化同周边国家友好互信和利益融合。秉持真实亲诚理念和正确义利观加强同发展中国家团结合作,维护发展中国家共同利益。

大国是构建新型国际关系的关键因素。大国之大,不在于体量大、块头大、拳头大,而在于胸襟大、格局大、担当大。大国要以人类前途命运为要,对世界和平与发展担负更大责任,而不是依仗实力对地区和国际事务谋求垄断。大国要加强协调和合作,尊重彼此核心利益和重大关切,坚持换位思考和相互理解,对小国要平等相待。通过构建人类命运共同体,新兴大国和守成大国才能避免跌入"修昔底德陷阱",找到相互尊重、和平共处、合作共赢的正确相处之道,实现不同文明、不同社会制度国家求同存异、共同发展。

（四）践行真正的多边主义

构建人类命运共同体必须践行真正的多边主义。"小圈子的多边主义"是集团政治，"本国优先的多边主义"是单边思维，"有选择的多边主义"是双重标准。世界要公道，不要霸道。中国反对一切形式的单边主义，反对搞针对特定国家的阵营化和排他性"小圈子"，反对打着所谓"规则"旗号破坏国际秩序、制造"新冷战"和意识形态对抗的行径。

中国始终坚定维护联合国宪章宗旨和原则，坚定维护联合国权威和地位。当今世界发生的各种对抗和不公，不是因为联合国宪章宗旨和原则过时了，而恰恰是由于这些宗旨和原则未能得到有效履行。中国坚持世界只有一个体系，就是以联合国为核心的国际体系；只有一个秩序，就是以国际法为基础的国际秩序；只有一套规则，就是以联合国宪章宗旨和原则为基础的国际关系基本准则。

中国积极参与引领全球治理体系变革。坚持共商共建共享的全球治理观，就是全球事务要由大家一起商量，治理体系要由大家一起建设，治理成果要由大家一起分享，让各国成为世界和平与发展的参与者、贡献者、受益者。

（五） 弘扬全人类共同价值

中国提出和平、发展、公平、正义、民主、自由的全人类共同价值，以宽广胸怀理解不同文明对价值内涵的认识，尊重不同国家人民对自身发展道路的探索，弘扬中华文明蕴含的全人类共同价值，超越所谓"普世价值"的狭隘历史局限，体现了人类命运共同体的价值追求。

和平发展是共同事业。贫瘠的土地上长不成和平的大树，连天的烽火中结不出发展的硕果。要解决好各种全球性挑战，根本出路在于谋求和平、实现发展。公平正义是共同理想。任何国家都不能在世界上我行我素，搞霸权霸道霸凌。民主自由是共同追求。不存在定于一尊的民主，更不存在高人一等的民主。民主不是可口可乐，一国生产原浆，全世界一个味道；民主不是装饰品，而是要用来解决实际问题的。试图垄断民主"专利"、强行划定民主"标准"，炮制"民主对抗威权"的伪命题，挑动政治制度与意识形态之争，是假借民主之名的伪民主。弘扬全人类共同价值，不是要把哪一家的价值观奉为一尊，而是倡导求同存异、和而不同，充分尊重文明的多样性，尊重各国自主选择社会制度和发展道路的权利。

人类社会越发展,越要加强文明交流互鉴。各国应相互尊重、平等相待,摒弃傲慢与偏见,加深对自身文明和其他文明差异性的认知,推动不同文明交流对话、和谐共生;应各美其美、美人之美、美美与共,既让本国文明生机盎然,也为他国文明发展创造条件,让世界文明百花园群芳竞艳;应开放包容、互学互鉴,努力打破文化交往的壁垒,积极汲取其他文明的养分,相互借鉴,取长补短,共同进步;应与时俱进、创新发展,不断吸纳时代精华,用创新为文明发展提供不竭动力。

五、中国既是倡导者也是行动派

千里之行,始于足下。10年来,中国用笃定的信念和扎实的行动,为构建人类命运共同体贡献中国力量。

(一) 推动高质量共建"一带一路"

共建"一带一路"倡议是构建人类命运共同体的生动实践,是中国为世界提供的广受欢迎的国际公共产品和国际合作平台。共建"一带一路"倡议提出10年来,坚持共商共建共享原则,秉持开放、绿色、廉洁理念,以高标准、可持续、惠民生为目标,沿着高质量发展方向不断前进,从夯基垒台、立柱架梁到落地生根、持久发展,奏响"硬联通""软联通""心联通"的交响乐,搭建了各方广泛参与、汇聚国际共识、凝聚各方力量的重要实践平台。

希腊最大港口比雷埃夫斯港,公元前400多年建港以来,一直是重要港口,守望着欧洲"南大门"。十多年前,比雷埃夫斯港一度深陷危机,遭受巨额亏损。2010年,中国远洋海运集团正式参与比雷埃夫斯港运营,给港口注入蓬勃生机。目前比雷埃夫斯港年吞吐能力达720万标准箱,世界排名从2010年第93位提升至2022年第33位,为当地直接创造就业岗位3000多个,间接创造就业岗位1万多个,累计为当地带来直接贡献超过14亿欧元。

政策沟通不断深化,截至2023年7月,全球超过四分之三的国家和30多个国际组织签署合作文件。中国分别于2017年、2019年成功举办首届和第二届"一带一路"国际合作高峰论坛,今年将举办第三届"一带一路"国际合作高峰论坛,凝聚起携手推动高质量共建"一带一路"的最大合力。设施联通不断加强,"六廊六路多国多港"的互联互通架构基本形成,以新亚欧大陆桥等经济走廊为引领,以中欧班列、陆海新通道等大通道和信息高速路为骨架,以铁路、港口、管网等为依托的陆、海、天、网"四位一体"互联互通布局不断完善。贸易畅通不断提升,世界银行发布的《"一带一路"经济学》报告认为,"一带一路"倡议的全面实施将使参与国间的贸易往来增加4.1%。到2030年,"一带一路"倡议每年将为全球产生1.6万亿美元收益。资金融通不断扩大,亚洲基础设施投资银行、丝路基金等相继成立,已为数百个项目提供投融资支持。民心相通不断促进,一条条"幸福路"、一座座"连心桥"、一片片"发展带"在共建国家不断涌现,菌草、水井、杂交水稻等"小而美、见效快、惠民生"项目扎实推进,不断增进共建国家民众的获得感、幸福感。

专栏 2　"中国菌草是我们的'幸福草'"

菌草技术通过"以草代木"栽培食用菌,解决了"食用菌生产必须靠砍伐树木"的世界难题。20 多年来,中国先后举办了 270 期菌草技术国际培训班,为 106 个国家培训 1 万多名学员,在 16 个国家建立了菌草技术实验示范中心或基地,创造了数十万个绿色就业机会。在斐济,菌草技术被誉为"岛国农业的新希望";在莱索托,因短时间就有收获,农民称菌草为"致富草";在卢旺达,有 3800 多户贫困户因为参与菌草生产,现在每户每年收入增加了 1 至 3 倍。

共建"一带一路"倡议源于中国,机会和成果属于世界。中巴经济走廊启动 10 年来为巴基斯坦经济社会发展注入强劲动能,中老铁路实现了老挝人民"变陆锁国为陆联国"的夙愿,雅万高铁成为东南亚国家首条实现 350 公里时速的铁路,蒙内铁路拉动了当地经济增长超过 2 个百分点,马拉维 600 眼水井成为润泽当地 15 万民众的"幸福井",中欧班列"钢铁驼队"助力中国与欧洲双向奔赴,"鲁班工坊"帮助塔吉克斯坦等国家年轻人掌握了职业技能,健康、绿色、数字、创新等领域合作蓬勃发展。

中老铁路全长 1035 公里,历时 11 年艰苦建设,挖通 167 座隧道,架设 301 座桥梁,于 2021 年 12 月 3 日开通运营。开建以来,带动当地就业超过 11 万人次,帮助沿线村民修建道路、水渠接近 2000 公里,为当地百姓带来了大量看得见、摸得着的利益。截至 2023 年 1 月 31 日,中老铁路累计开行旅客列车 20000 列,发送旅客 1030 万人次。

雅万高铁是东南亚第一条高速铁路,最高设计时速 350 公里,建成通车后雅加达至万隆之间的旅行时间由 3 个多小时缩短至 40 分钟。

这一倡议是经济合作倡议,不是搞地缘政治联盟或军事同盟,不针对谁也不排除谁;是开放包容进程,不是要关起门来搞"小圈子"或者"中国俱乐部";是中国同世界共享机遇、共谋发展的"百花园",不是要营造自己的后花园;是各方携手前进的阳光大道,不是某一方的私家小路,所有感兴趣的国家都可以加入进来,共同参与、共同合作、共同受益。

乌兹别克斯坦"安格连—帕普"铁路卡姆奇克隧道是乌兹别克斯坦有史以来第一条铁路隧道,也是共建"一带一路"倡议框架下中乌最重要的合作项目之一。2013 年 9 月 5 日正式开工,2016 年 2 月 25 日全隧贯通,中国建设者用时 900 天,造就了火车 900 秒穿行大山的奇迹。当地人感慨说:"项目全球招标时,欧美竞标公司给出施工期 5 年,中国公司仅用了 900 天,你们究竟怎么做到的?"

国际社会高度评价这一倡议,认为"一带一路"不是简单的一条路或一条经济带,而是让全人类共同进步的倡议,为各国共同发展开辟了新道路。"一带一路"倡议助推发展中国家现代化的进程,促进跨大洲协力合作进入新时代。

(二) 落实"三大全球倡议"

人们普遍认识到,和平稳定、物质丰富、精神富有是人类社会发展的基本追求。发展是安全和文明的物质基础,安全是发展和文明的根本前提,文明是发展和安全的精神支撑。中国提出全球发展倡议、全球安全倡议、全球文明倡议,从发展、安全、文明三个维度指明人类社会前进方向,彼此呼应、相得益彰,成为推动构建人类命运共同体的重要依托,是解答事关人类和平与发展重大问题的中国方案。

——中国提出全球发展倡议,发出了聚焦发展、重振合作的时代强音,为破解发展难题、推进全球发展事业贡献中国力量。全球发展倡议,最根本的目标是加快落实联合国2030年可持续发展议程,最核心的要求是坚持以人民为中心,最重要的理念是倡导共建团结、平等、均衡、普惠的全球发展伙伴关系,最关键的举措在于坚持行动导向,推动实现更加强劲、绿色、健康的全球发展,共建全球发展共同体。

中国主持召开全球发展高层对话会,提出落实倡议的32项重要举措,包括创设"全球发展和南南合作基金",总额为40亿美元;启动中国—联合国粮农组织第三期南南合作信托基金,并将加大对中国—联合国和平与发展基金投入。两年来,全球发展倡议得到国际社会广泛响应,落实机制不断健全,务实合作逐步落地,共同应对粮食安全、减贫、能源安全等突出问题。全球发展促进中心顺利运转,全球发展倡议项目库不断扩大,200多个合作项目开花结果。同时,中方发布《全球发展报告》,推动建立全球发展知识网络,为破解发展难题贡献了中国智慧。目前已有100多个国家和国际组织支持全球发展倡议,70多个国家参与在联合国成立的"全球发展倡议之友小组"。

中国坚持以自身发展促进世界发展。深入贯彻新发展理念,着力推进高质量发展,推动构建新发展格局。14亿多中国人整体迈进现代化社会,意味着几乎再造一个相当于现有发达国家规模总和的市场,为各国各方共享中国大市场提供更多机遇。中国开创性举办中国国际进口博览会,办好中国国际服务贸易交易会、中国进出口商品交易会、中国国际消费品博览会等重大展会。推动各国各方共享中国制度型开放机遇,稳步扩大规则、规制、管理、标准等制度型开放。实施外商投资法及相关配套法规、新版《鼓励外商投资产业目录》等，持续缩减外资准入负面清单，高质量建设自由贸易试验区，加快建设海南自由贸易港。

中国坚持合作共赢、共同发展。作为世界上最大的发展中国家和"全球南方"的一员，中国力所能及地为其他发展中国家提供援助，帮助受援国提高发展能力。积极开展国际交流合作，同世界粮食计划署、联合国开发计划署、儿童基金会、难民署、世界卫生组织、红十字国际委员会等近20个国际组织开展合作，在埃塞俄比亚、巴基斯坦、尼日利亚等近60个国家实施了130多个项目，聚焦"小而美、惠民生"，涵盖减贫、粮食安全、抗疫、气候变化等领域，受益人数超过3000万人。积极推动并全面落实二十国集团缓债倡议，在二十国集团缓债倡议中贡献最大，同19个非洲国家签署缓债协议或达成缓债共识，帮助非洲减缓债务压力。

中国坚定推动建设开放型世界经济。中国已经成为140多个国家和地区的主要贸易伙伴，同28个国家和地区签署了21个自贸协定。高质量实施《区域全面经济伙伴关系协定》，积极推进加入《全面与进步跨太平洋伙伴关系协定》和《数字经济伙伴关系协定》，扩大面向全球的高标准自由贸易区网络。推动人民币国际化,提升金融标准和国际化水平,更好实现中国和其他国家利益融合。

专栏5 全球发展倡议的六项主张

——坚持发展优先。将发展置于全球宏观政策框架的突出位置,加强主要经济体政策协调,保持连续性、稳定性、可持续性,构建更加平等均衡的全球发展伙伴关系,推动多边发展合作进程协同增效,加快落实联合国2030年可持续发展议程。

——坚持以人民为中心。在发展中保障和改善民生,保护和促进人权,做到发展为了人民、发展依靠人民、发展成果由人民共享,不断增强民众的幸福感、获得感、安全感,实现人的全面发展。

——坚持普惠包容。关注发展中国家特殊需求,通过缓债、发展援助等方式支持发展中国家尤其是困难特别大的脆弱国家,着力解决国家间和各国内部发展不平衡、不充分问题。

——坚持创新驱动。抓住新一轮科技革命和产业变革的历史性机遇,加速科技成果向现实生产力转化,打造开放、公平、公正、非歧视的科技发展环境,挖掘疫后经济增长新动能,携手实现跨越发展。

——坚持人与自然和谐共生。完善全球环境治理,积极应对气候变化,构建人与自然生命共同体。加快绿色低碳转型,实现绿色复苏发展。

——坚持行动导向。加大发展资源投入,重点推进减贫、粮食安全、抗疫和疫苗、发展筹资、气候变化和绿色发展、工业化、数字经济、互联互通等领域合作,构建全球发展共同体。

——中国提出全球安全倡议,目的是同国际社会一道,弘扬联合国宪章精神,倡导以团结精神适应深刻调整的国际格局,以共赢思维应对各种传统安全和非传统安全风险

挑战,走出一条对话而不对抗、结伴而不结盟、共赢而非零和的新型安全之路。

2023 年 2 月,中国正式发布《全球安全倡议概念文件》,进一步阐释了倡议核心理念与原则,明确了倡议重点合作方向,并就倡议合作平台和机制提出建议设想,展现了中国对维护世界和平的责任担当、对守护全球安全的坚定决心。全球安全倡议是国际公共产品,服务的是全世界人民的利益,维护的是全世界人民的安宁。

专栏6　全球安全倡议的六项主张

——坚持共同、综合、合作、可持续的安全观,共同维护世界和平和安全;

——坚持尊重各国主权、领土完整,不干涉别国内政,尊重各国人民自主选择的发展道路和社会制度;

——坚持遵守联合国宪章宗旨和原则,摒弃冷战思维,反对单边主义,不搞集团政治和阵营对抗;

——坚持重视各国合理安全关切,秉持安全不可分割原则,构建均衡、有效、可持续的安全架构,反对把本国安全建立在他国不安全的基础之上;

——坚持通过对话协商以和平方式解决国家间的分歧和争端,支持一切有利于和平解决危机的努力,不能搞双重标准,反对滥用单边制裁和"长臂管辖";

——坚持统筹维护传统领域和非传统领域安全,共同应对地区争端和恐怖主义、气候变化、网络安全、生物安全等全球性问题。

中国是维护世界和平的中流砥柱。坚持通过谈判协商方式处理同有关国家的领土主权和海洋权益争端,以谈判协商方式同 14 个陆上邻国中的 12 个国家和平解决陆地边界问题,并完成中越北部湾海域划界。忠实履行安理会常任理事国职责和使命,是联合国第二大会费国、联合国第二大维和摊款国和安理会常任理事国中第一大维和行动出兵国。30 多年来,中国已派出维和人员 5 万余人次,赴 20 多个国家和地区参加联合国维和行动,成为联合国维和的关键力量。中方累计派出 45 批 100 余艘次舰艇在亚丁湾—索马里海域为 7000 余艘中外船只护航。

面对此起彼伏的热点问题,中国始终致力于发挥负责任大国作用,推动朝鲜半岛、巴勒斯坦、伊朗核、叙利亚、阿富汗等国际地区问题解决。在乌克兰问题上,中方积极劝和促谈,先后提出"四个应该""四个共同""三点思考"的主张,发布《关于政治解决乌克兰危机的中国立场》文件。派出中国政府欧亚事务特别代表,就政治解决乌克兰危机同有关各方广泛接触和交流。在中国斡旋下,沙特和伊朗实现历史性和解,为地区国家通过对话协商化解矛盾分歧、实现睦邻友好树立了典范,有力引领了中东地区"和解潮"。

中国积极致力于同各方开展反恐、生物安全、粮食安全等非传统安全领域合作,在二十国集团框架下提出国际粮食安全合作倡议,推动通过《金砖国家粮食安全合作战略》。正式启用中国—太平洋岛国防灾减灾合作中心,是中国在倡议框架下帮助发展中国家应对非传统安全挑战的又一有力行动。

专栏 7　中方为政治解决乌克兰危机提出的重要主张

"四个应该":各国主权、领土完整都应该得到尊重,联合国宪章宗旨和原则都应该得到遵守,各国合理安全关切都应该得到重视,一切有利于和平解决危机的努力都应该得到支持。

"四个共同":国际社会应该共同支持一切致力于和平解决乌克兰危机的努力,呼吁有关各方保持理性和克制,尽快开展直接接触,为重启谈判创造条件;共同反对使用或威胁使用核武器,倡导核武器用不得、核战争打不得,防止亚欧大陆出现核危机;共同努力确保全球产业链供应链稳定,防止国际能源、粮食、金融等合作受到干扰,损害全球经济复苏特别是发展中国家经济财政稳定;共同为危机地区的平民过冬纾困,改善人道主义状况,防止出现更大规模人道主义危机。

"三点思考":冲突战争没有赢家,复杂问题没有简单解决办法,大国对抗必须避免。

——中国提出全球文明倡议,共同倡导尊重世界文明多样性,共同倡导弘扬全人类共同价值,共同倡导重视文明传承和创新,共同倡导加强国际人文交流合作。全球文明

倡议向全世界发出增进文明交流对话、在包容互鉴中促进人类文明进步的真挚呼吁,为推动构建人类命运共同体注入了精神动力。

中国召开中国共产党与世界政党高层对话会、中国共产党与世界政党领导人峰会、亚洲文明对话大会等,广泛开展双多边政党交流合作活动,推进形式多样的民间外交、城市外交、公共外交。持续深化与联合国教科文组织、联合国世界旅游组织合作,中国列入联合国教科文组织非物质文化遗产名录、名册项目达 43 个。

中国举办中国意大利文化和旅游年、中国希腊文化和旅游年、中国西班牙文化和旅游年等 30 余个大型文化和旅游年(节),推动金砖国家文化部长会议等 16 个多边交流合作机制和 25 个双边合作机制不断发展,持续举办"阿拉伯艺术节"、"相约北京"国际艺术节等主场文化活动,"欢乐春节"连续举办二十余年,2017 年在 130 余个国家举办约 2000 场活动,在全球举办"茶和天下"·雅集等品牌活动。推动"一带一路"文化和旅游交流,实施"文化丝路"计划,建立丝绸之路国际剧院、博物馆、艺术节、图书馆、美术馆联盟。同各国建立了约 3000 对友好城市(省州)关系。开展"你好! 中国"入境游推广工作。

——共同倡导尊重世界文明多样性，坚持文明平等、互鉴、对话、包容，以文明交流超越文明隔阂、文明互鉴超越文明冲突、文明包容超越文明优越。

——共同倡导弘扬全人类共同价值，和平、发展、公平、正义、民主、自由是各国人民的共同追求，要以宽广胸怀理解不同文明对价值内涵的认识，不将自己的价值观和模式强加于人，不搞意识形态对抗。

——共同倡导重视文明传承和创新，充分挖掘各国历史文化的时代价值，推动各国优秀传统文化在现代化进程中实现创造性转化、创新性发展。

——共同倡导加强国际人文交流合作，探讨构建全球文明对话合作网络，丰富交流内容，拓展合作渠道，促进各国人民相知相亲，共同推动人类文明发展进步。

国际社会积极评价"三大全球倡议"，认为这体现了中国的全球视野和与日俱增的国际影响力，为当前人类面临的难题提供了综合性解决方案。全球发展倡议同联合国2030年可持续发展议程高度契合，尤其呼应了广大发展中国家追求发展的心声；全球安全倡议秉持共同安全理念，重视综合施策，坚持合作之道，寻求可持续安全，为应对国际安全挑战贡献智慧；全球文明倡议倡导所有国家尊重世界文明多样性，有助于促进不同文明交流互鉴。

（三） 与越来越多的国家和地区共同行动

中国提出一系列构建地区和双边层面命运共同体倡议,与有关各方共同努力,凝聚共识,拓展合作,为地区和平发展发挥建设性作用。

中非命运共同体是最早提出的区域命运共同体,坚持真诚友好、平等相待,义利相兼、以义为先,发展为民、务实高效,开放包容、兼收并蓄,成为中国与地区国家构建命运共同体的典范。中阿、中拉、中国—太平洋岛国等命运共同体建设蹄疾步稳,成为发展中国家团结合作、携手共进的生动写照。

周边命运共同体不断落地生根,中国—东盟命运共同体建设持续推进,中国—东盟合作在东亚区域合作中最富成果、最具活力、最有实质内容,双方政治互信不断提高,高层往来频密,建立了近 50 个领域和机构的对话合作机制。澜沧江—湄公河国家命运共同体建设不断取得新进展。上海合作组织命运共同体成果丰硕,中国—中亚命运共同体建设迈出坚实步伐,成功召开首届中国—中亚峰会、成立中国—中亚元首会晤机制,为地区和世界持久和平、共同繁荣作出积极贡献。

在双边层面,中国正在同越来越多的友好伙伴构建不同形式的命运共同体。中国同老挝、柬埔寨、缅甸、印度尼西亚、泰国、马来西亚、巴基斯坦、蒙古国、古巴、南非等国家就构建双边命运共同体发表行动计划、联合声明或达成重要共识,同中亚五国双边层面践行人类命运共同体全覆盖,理念更加深入人心,实践成果喷涌而出,实实在在地推动了当地发展建设,促进了民生福祉。

人类命运共同体是一个生机勃勃、开放包容的体系。不同地理区域、历史文化、社会制度、经济体量、发展阶段的国家,只要认同人类命运共同体的核心理念,就可以求同存异、和而不同、加强合作、谋求共赢。中国将同越来越多的地区和国家携手努力推动构建人类命运共同体,为推动各国发展事业和人类文明进步作出应有贡献。

(四) 为各领域国际合作注入强劲动力

人类命运共同体理念直指当今世界面临的和平赤字、发展赤字、安全赤字、治理赤字,在卫生健康、气候变化、网络安全等领域提出丰富主张,转化为具体行动,为解决世界性难题作出了中国的独特贡献。

面对肆虐的新冠疫情,中国提出构建人类卫生健康共同体。中国站在国际抗疫合作"第一方阵",开展全球紧急人道主义救援,向150多个国家和国际组织提供力所能及的援助和支持。秉持疫苗公共产品"第一属性",最早承诺将新冠疫苗作为全球公共产品,最早支持疫苗研发知识产权豁免,最早同发展中国家开展疫苗合作生产。担当疫苗公平分配"第一梯队",以自己的坚定承诺和实际行动为人类健康事业贡献中国力量。

面对混乱失序的网络空间治理,中国提出构建网络空间命运共同体。积极参与联合国网络安全进程,支持联合国在网络空间全球治理中发挥核心作用。举办世界互联网大会,成立世界互联网大会国际组织,为全球互联网共享共治搭建平台。发起《全球数据安全倡议》,分别同阿拉伯国家联盟、中亚五国发表《中阿数据安全合作倡议》及《"中国+中亚五国"数据安全合作倡议》,推动全球数字治理规则制定。推动完善深海、极地、外空等新疆域的治理规则,确保各国权利共享、责任共担。在制定新疆域治理新规则时,充分反映新兴市场国家和发展中国家的利益和诉求。

面对核安全全球治理的根本性问题,中国提出打造核安全命运共同体,坚定维护国际核不扩散体系,促进和平利用核能,秉持理性、协调、并进的核安全观。为应对不断上升的核冲突风险,中国推动五核国领导人共同发表联合声明,重申"核战争打不赢,也打不得"。积极倡导全面禁止和彻底销毁核武器,是唯一公开承诺不首先使用核武器、不对无核武器国家和无核武器区使用或威胁使用核武器的核国家。

面对日益复杂的海上问题,中国提出构建海洋命运共同体,始终致力于通过对话协商和平解决领土主权和海洋权益争端。同东盟国家签署和全面有效落实《南海各方行为宣言》,持续推进"南海行为准则"磋商。提出共建蓝色经济伙伴关系,加强海上互联互通建设。坚持走搁置争议、共同开发的合作之路,同海上邻国积极探讨资源共同开发。

面对日益严峻的全球气候挑战,中国先后提出构建人与自然生命共同体、地球生命共同体等重要理念。中国积极推动经济发展转型,承诺力争 2030 年前实现碳达峰、努力争取 2060 年前实现碳中和,构建完成碳达峰碳中和"1+N"政策体系。中国建成了世界最大的清洁发电网络,贡献了本世纪以来全球 25% 的新增绿化面积,以年均 3% 的能源消费增速支撑了年均超过 6% 的经济增长,成为全球水电、风电、太阳能发电装机容量最多的国家。积极参与全球环境治理,倡导国际社会全面有效落实《联合国气候变化框架公约》及其《巴黎协定》,坚持"共同但有区别的责任"原则。尽己所能帮助发展中国家提高应对气候变化能力,大力支持发展中国家能源绿色低碳发展,与39个发展中国家签署46份应对气候变化南南合作谅解备忘录,为120多个发展中国家培训约2300名气候变化领域的官员和技术人员。作为《生物多样性公约》第十五次缔约方大会(COP15)主席国,全力推动会议成功举行,率先出资成立昆明生物多样性基金,推动达成"昆明—蒙特利尔全球生物多样性框架"。

专栏9 一路"象"北

2020年3月,栖息在云南省西双版纳国家级自然保护区的野生亚洲象"旅行团"一路"象"北,途经云南省多地,游历约一年半后,在当地政府、民众的关爱和精心看护下平安南返家园。这场亚洲象的集体迁移不仅在国内屡屡登上热搜,也吸引了全世界网民的目光,引起了国内外关于构建人与自然和谐共生的地球家园的热烈讨论。

无论是应对眼下的危机,还是共创美好的未来,各国都需要同舟共济、团结合作。面对深刻而宏阔的百年大变局,中国提出构建人类命运共同体,呼吁各国秉持命运与共理念,充分沟通协商,共担治理责任,形成应对全球性问题的广泛共识和一致行动,为人类迈向光明未来注入信心和动力。

结　束　语

凡益之道，与时偕行。人类命运共同体理念的提出和实践，已经在国际上凝聚起团结合作的广泛共识，汇聚起应对挑战的强大合力。展望未来，这一理念必将焕发出愈发鲜明的真理力量、更为彰显的引领作用和超越时空的思想伟力，为人类社会开辟共同发展、长治久安、持续繁荣的美好愿景。人类的前途是光明的，但光明的前途不会自动到来。构建人类命运共同体既是一个美好愿景，也是一个历史过程，需要一代又一代人接力跑才能实现。

实现这个美好愿景，信心和决心是首要。和平、发展、合作、共赢的时代潮流不可阻挡，构建人类命运共同体是世界各国人民前途所在。同时，构建人类命运共同体不可能一蹴而就，也不可能一帆风顺，需要付出长期艰苦努力，需要锲而不舍、驰而不息相向而行。不能因现实复杂而放弃梦想，也不能因理想遥远而放弃追求。

实现这个美好愿景，格局与胸怀是基础。大时代需要大格局,大格局呼唤大胸怀。面对共同挑战,任何人、任何国家都无法独善其身,人类只有和衷共济、和合共生这一条出路。各国只有加强协调和合作,把本国人民利益同世界各国人民利益统一起来,才能共同朝着构建人类命运共同体的方向前行。

实现这个美好愿景,担当与行动是关键。大道至简,实干为要。构建人类命运共同体有赖于各国共同行动。各国应有以天下为己任的担当精神,积极做行动派、不做观望者,加强对话、凝聚共识、促进和平、推动发展、完善治理,开展全球行动、全球应对、全球合作。

道阻且长,行则将至;行而不辍,未来可期。前方的路纵然曲折,但也充满希望。只要世界各国团结起来,共行天下大道,向着构建人类命运共同体的正确方向,一起来规划,一起来实践,一点一滴坚持努力,日积月累不懈奋斗,就一定能够建设一个持久和平、普遍安全、共同繁荣、开放包容、清洁美丽的世界,共同创造人类更加美好的未来!